CATALOGUE

DES

ÉTOFFES & TAPISSERIES

Faïences, porcelaines

OBJETS VARIÉS

SCULPTURES, BRONZES D'ART

Pendules et Bronzes d'ameublement

MEUBLES EN TAPISSERIE

TABLEAUX

DONT LA VENTE AURA LIEU

Après décès

HOTEL DROUOT, SALLE N° 8

Les Vendredi 5 et Samedi 6 Décembre 1890

A DEUX HEURES

COMMISSAIRE-PRISEUR

Mᵉ PAUL CHEVALLIER

10, rue de la Grange-Batelière, 10

EXPERTS

Pour les Objets d'Art	*Pour les Tableaux*
M. Charles MANNHEIM	**M. FÉRAL**
7, rue Saint-Georges, 7	54, rue du Faubourg-Montmartre, 54

EXPOSITION PUBLIQUE

Le Jeudi 4 Décembre 1890, de 1 h. à 5 h. 1/2

CONDITIONS DE LA VENTE

Elle sera faite au comptant.

Les acquéreurs payeront en sus des enchères *cinq pour cent*, applicables aux frais.

L'exposition mettant le public à même de se rendre compte de l'état des objets, il ne sera admis aucune réclamation une fois l'adjudication prononcée.

Paris. — Imprimerie de l'Art. E. Ménard et Cie, 41, rue de la Victoire.

5 Décembre 1890.

Vente des Vendredi 5 et Samedi 6 Décembre 1890

HOTEL DROUOT, SALLE N° 8

APRÈS DÉCÈS

BELLES TAPISSERIES

OBJETS D'ART

ET

D'AMEUBLEMENT

TABLEAUX

EXPOSITION PUBLIQUE

LE JEUDI 4 DÉCEMBRE 1890

COMMISSAIRE-PRISEUR

Me PAUL CHEVALLIER

10, rue de la Grange-Batelière, 10

EXPERTS :

Pour les Objets d'art :

M. Ch. MANNHEIM

7, rue Saint-Georges, 7.

Pour les Tableaux :

M. E. FÉRAL

54, Faubourg-Montmartre, 54.

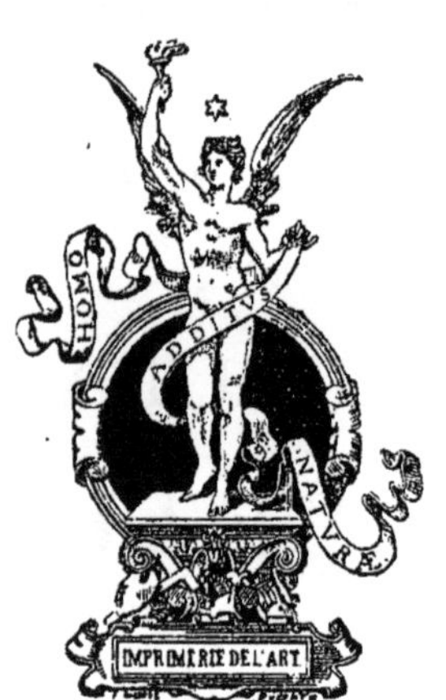
HOMO
ADDITVS
NATVRÆ
IMPRIMERIE DE L'ART

DÉSIGNATION DES OBJETS

TABLEAUX

ALLÈGRE (R.)

1 — *Violettes et Fleurs des champs dans un vase de cristal.*

Bois. Haut., 26 cent.; larg., 30 cent.

AUBRY (ÉTIENNE)

2 — *La Cruche cassée.*

Scène d'intérieur à trois personnages.

Bois. Haut., 25 cent.; larg., 35 cent.

BEELDEMACKER

3 — *Chiens épagneuls.*

Deux épagneuls sous poil blanc moucheté de brun : l'un, debout, rapportant un oiseau; l'autre, assis, les pattes posées sur une perdrix.

Cadre sculpté.

Toile. Haut., 64 cent.; larg., 80 cent.

BÉNARD (Jean-Baptiste)

4 — *Le Mariage au camp.*

Un prêtre dit la messe de mariage sous une tente fixée dans les arbres.

Agréable composition, comprenant de nombreuses figurines touchées avec esprit.

Toile. Haut., 25 cent.; larg., 33 cent.

BELLOTTO (Attribué à)

5 — *Architecture.*

Plusieurs figures, dans la cour d'un palais vénitien.

Haut., 40 cent.; larg., 27 cent.

BERCHÈRE

6 — *Intérieur de ville ; Orient.*

Bois. Haut., 19 cent.; larg., 31 cent.

BOURDON (Sébastien)

7 — *Soudards et Paysans.*

Des soldats d'aventure sont installés dans une chaumière; l'un, assis sur un banc, courtise une villageoise; les autres jouent aux cartes.

Huit figures.

Bois. Haut., 33 cent.; larg., 44 cent.

BREUGHEL

8 — *Paysages et figures.*

Dans l'un, plusieurs groupes de paysans dans une campagne boisée; dans l'autre, quatre personnages, en costume Louis XIII, suivent une allée d'arbres.

Deux pendants.

Bois et cuivre. Haut., 15 cent.; larg., 13 cent.

BREUGHEL (A.) ET ROTTENHAMER

9 — *Vierge et Enfant.*

Une guirlande de fleurs encadre un médaillon représentant la Vierge et l'Enfant Jésus.

Cadre ébène et ivoire.

Cuivre. Haut., 24 cent.; larg., 19 cent.

CASTEELS OU CASTELEN

10 — *Port de mer et figures.*

Une infinité de figurines sur les deux rives d'un fleuve, à son embouchure; à droite et à gauche, des quais bordés de palais. De nombreuses embarcations sillonnent les eaux.

Haut., 26 cent.; larg., 39 cent.

COLIN (Paul)

11 — *Fleurs, dans une jardinière en faïence de Rouen.*

Toile. Haut., 36 cent.; larg., 83 cent.

COLLIN

12 — *Marine.*

Les vagues, frangées d'écume, déferlent sur les rochers, au pied des falaises.

Toile. Haut., 65 cent.; larg., 1 m. 45 cent.

COUDER (A.)

13 — *Fleurs des champs.*

Toile. Haut., 53 cent.; larg., 65 cent.

DONZEL (Ch.)

14 — *Les Lavandières.*

Paysage au soleil couchant.
Signé et daté 1870.

Toile. Haut., 44 cent.; larg., 59 cent.

DROGSLOOT (J. C.)

15 — *Le Joueur de vielle.*

Il s'est arrêté devant un groupe de paysans attablés à la porte d'un cabaret.

Bois. Haut., 43 cent.; larg., 64 cent.

FRANCK (École des)

16 — *Sujet biblique.*

Nombreux personnages.

Cuivre. Haut., 68 cent.; larg., 85 cent.

GRYEF (Anton)

17 — *Gibier gardé par un chien.*

Lièvre suspendu par les pattes et fusil appuyé contre un arbre; à terre, divers oiseaux, une poudrière, un cor, etc., sous la surveillance d'un petit épagneul.

Fin tableau de l'artiste.

Toile. Haut., 35 cent.; larg., 29 cent.

GUARDI (D'après)

18 — *L'Église et l'Ile de San Giorgio Maggiore; Venise.*

Haut., 32 cent.; larg., 45 cent.

HEEM (David de)

19 — *Fleurs.*

Roses, œillets, volubilis et diverses fleurs dans une carafe de Bohême placée sur une console de marbre.

Signé à droite.

Toile. Haut., 42 cent.; larg., 34 cent.

KOBELL ([illegible])

20 — *Pâturage hollandais.*

Taureau debout contre une barrière, auprès d'un petit canal; dans un pré, au second plan, pâturent quatre vaches. Ciel nuageux, vivement éclairé.

Signé à gauche et daté 1800.

Toile. Haut., 38 cent.; larg., 54 cent.

LAER (Pierre de)

21 — *Le Cheval blanc.*

Un cheval blanc debout, un cheval bai couché et quelques vaches, sous la surveillance de pâtres arrêtés auprès d'un énorme rocher.

Signé à droite.

Bois. Haut., 36 cent.; larg., 44 cent.

LE PRINCE (Xavier)

22 — *Vue d'un village des environs de Paris.*

Nombreux personnages et animaux. A gauche, les paysans sortent de l'église; à droite, un troupeau de vaches et de moutons rentre à la ferme.

Signé *A. X. Leprince 1819.*

Toile. Haut., 31 cent.; larg., 39 cent.

MIEREVELT (Attribué à M.)

23 — *Portrait d'une dame hollandaise.*

Représentée à mi-corps, de trois quarts tournée vers la gauche; coiffée d'un petit bonnet de dentelle noire, elle est vêtue d'une robe de soie grise agrémentée de broderies noires. Une guimpe de mousseline empesée entoure les épaules. On lit sur le fond, à droite : Aetatis 42. A° 1644.

Beau portrait.

Bois. Haut., 66 cent.; larg., 56 cent.

MIGNON (Attribué à ABRAHAM)

24 — *Fruits.*

Pêches, raisins, abricots, grenades, oranges, dans une grande corbeille d'osier.

Toile. Haut., 66 cent.; larg., 82 cent.

MOLENAER (Klaes)

25 — *Paysage d'hiver.*

De nombreux groupes de personnages animent un canal gelé, à l'entrée d'une ville de Hollande dont les maisons sont couvertes de neige.

Signé à droite.

Bois. Haut., 58 cent.; larg., 82 cent.

*

MONI (L. DE)

26 — *Cuisinière lavant des poissons.*

Toile. Haut., 26 cent.; larg., 21 cent.

MYTENS (A.)

27 — *Portrait de femme.*

Jeune dame hollandaise, à longue chevelure, brune, représentée de trois quarts, en buste, avec collier de perles, collerette de guipure et robe noire agrémentée de rubans.

Toile. Haut., 64 cent.; larg., 49 cent.

NEEFFS (D'après PEETER)

28 — *Intérieur d'église, avec nombreuses figures.*

Bois. Haut., 54 cent.; larg., 68 cent.

PALIZZI (P.)

29 — *Chèvres dans la montagne.*

Signé à gauche.

Toile. Haut., 72 cent.; larg., 1 m. 10 cent.

ROBBE (L. M. D.)

30 — *Combat d'un bélier et d'un mouton.*

Signé de l'initiale.

Toile. Haut., 35 cent.; larg., 48 cent.

SCHEFFER (Signé H.)

31 — *Pèlerin guérissant les malades.*

Toile. Haut., 33 cent.; larg., 24 cent.

TOURNEMINE (Ch. de)

32 — *Vue d'Orient; marine.*

Toile. Haut., 56 cent.; larg., 1 mètre.

VERNET (Attribué à J.)

33-34 — *Calme* et *Tempête.*

Deux pendants.

1° Le calme. — Des femmes lavent le linge dans un ruisseau se jetant dans la mer.

2° La tempête. — Des mariniers recueillent les épaves d'un vaisseau échoué contre des brisants.

Toiles. Haut., 65 cent.; larg., 1 mètre.

WILLARTS (Adam)

35 — *Retour de pêche.*

Les pêcheurs débarquent leur poisson; à droite, une ville s'étage sur les rochers; à gauche, la mer et trois navires sous pavillon hollandais.

Signé et daté 1622.

Toile. Haut., 35 cent.; larg., 64 cent.

ZÜND (R.)

36 — *Ferme suisse.*

Auprès d'un bouquet de grands chênes, deux fillettes, se tenant par la main, suivent un sentier, à travers un pré où paissent quelques moutons.

Toile. Haut., 46 cent.; larg., 59 cent.

ÉCOLE HOLLANDAISE

37 — *Paysage et Animaux.*

Toile. Haut., 70 cent.; larg., 1 mètre.

ÉCOLE ITALIENNE

38 — *Sainte Femme tenant un calice.*

Bois. Haut., 45 cent.; larg., 36 cent.

ECOLE ITALIENNE

39 — *Portrait de femme.*

En costume noir, avec fraise godronnée.

Toile. Haut., 53 cent.; larg., 45 cent.

ÉCOLE MODERNE

40 — *La Jeune Fille à la colombe.*

Toile. Haut., 45 cent.; larg., 37 cent.

DESSINS, AQUARELLES

CARMONTEL

41 — *Tête de jeune garçon.*

Petit dessin, très fin, à la mine de plomb.
Forme circulaire.

Diam., 45 millim.

BLOEMAERT (Abraham)

42 — *Les Petits Chanteurs.*

Dessin à la plume, lavé de sépia.

Haut., 14 cent.; larg., 11 cent.

BOILLY (L. L.)

43 — *La Laitière.*

La foule se presse et se dispute le lait que la marchande distribue du haut de sa charrette.

Beau et important dessin, lavé de sépia, rehaussé de crayon blanc et daté *1793*.

Haut., 36 cent.; larg., 52 cent.

BOILLY (L. L.)

44 — *L'Enfant au chat.*

Une fillette, debout, en robe blanche, vue de face, tient un chat dans son tablier,

Charmant dessin au crayon noir.

Signé *L. Boilly.*

Haut., 27 cent ; larg., 18 cent.

BOILLY (D'après)

45 — *Scènes de brigands.*

Deux aquarelles.

Haut., 25 cent.; larg., 35 cent.

DEVERIA (ACHILLE)

46 — *Les Odalisques.*

Dessin signé et daté 1826.

Haut., 17 cent.; larg., 13 cent.

DONZEL (CH.)

47 — *Villers-sur-Mer.*

Dessin rehaussé d'aquarelle.

Haut., 14 cent.; larg., 22 cent.

DONZEL (CH.)

48 — *Bords de rivière.*

Plume et encre de Chine.

Haut., 14 cent.; larg., 22 cent.

DONZEL (CH.)

49 — *Rivière sous bois.*

Plume et encre de Chine.

Haut., 15 cent.; larg., 22 cent.

DONZEL (Ch.)

50 — *La Plage à Villers-sur-Mer.*

Aquarelle.

Haut., 14 cent.; larg., 22 cent.

ESCHARD (C.)

51 — *Ville hollandaise.*

Petite gouache.

Haut., 13 cent.; larg., 17 cent.

KOEKKOEK (B. C.)

52 — *Paysage suisse avec figures.*

Encre de Chine.

Haut., 31 cent.; larg., 42 cent.

LEPIC

53 — *Chien barbet.*

Eau-forte.

NICOLLE

54-55 — *Deux Vues de Rome.*

Vue du mausolée de C. Metella, sur la voie Appienne, et vue du Tibre, prise du pont Saint-Ange.

Deux aquarelles de forme circulaire.

Diam., 7 cent.

NICOLLE

56-57 — *Vues de Rome.*

Deux petites aquarelles en pendants : l'arc de Septime Sévère au pied du Capitole ; église et porte du temple sur la voie Fiammina.

Haut., 7 cent.; larg., 11 cent.

TENIERS (École de)

58 — *Kermesse flamande.*

Très petite aquarelle.

Haut., 75 millim.; larg., 140 millim.

ÉCOLE MODERNE

59 — *Les Petits Pêcheurs.*

Aquarelle.

Haut., 27 cent.; larg., 21 cent.

**

FAIENCES

60 — Plat creux à ombilic en ancienne faïence hispano-moresque, à décor rouge cuivreux à reflets métalliques : feuillages gaufrés au marli, et feuilles et rinceaux au fond.

61 — Plat creux à ombilic, en ancienne faïence hispano-moresque, à décor rouge cuivreux à reflets métalliques, rechampi de bleu : couronnes de rosaces enrubannées.

62 — Plaque rectangulaire en ancienne faïence de Rouen, décor polychrome de buste, vases de fleurs, draperies, quadrillés à la Bérain. Cadre en bois noir.

63 — Plat à bords festonnés en ancienne faïence de Rouen, décor polychrome à la double corne d'abondance avec oiseaux et insectes.

64 — Plat à bords festonnés en ancienne faïence de Rouen, à décor polychrome; au fond, personnage chinois sur un motif fleuri; au marli, écrevisse et quadrillés.

65 — Plat à bords découpés en ancienne faïence de

Nevers, à décor bleu et manganèse ; au fond, paysage chinois avec personnages ; au marli, motifs rayonnants.

66 — Plateau carré à bords festonnés en ancienne faïence de Marseille, à décor polychrome : Paysan et paysanne à cheval sur une route ; hachures roses à la chute ; au revers, la marque de la veuve Perrin.

67 — Plat oblong à bords relevés et contournés, en ancienne faïence de Moustiers, à décor bleu, vert, orange et manganèse ; au fond, le char de l'Amour ; à la chute, guirlandes de fleurs.

68 — Plat oblong à bords festonnés en ancienne faïence de Moustiers, à décor orangé de sauvages et animaux ; guirlandes de fleurs à la chute.

69 — Plat oblong à bords contournés en ancienne faïence de Moustiers, à décor bleu de grotesques, draperies et coquilles à la Bérain.

70 — Plat oblong à bords festonnés en ancienne faïence de Moustiers, à décor en camaïeu bleu de buste et pendentifs à la Bérain ; bordure de dentelle.

71 — Deux plats ovales à bords festonnés en ancienne faïence de Moustiers, à décor polychrome : guirlandes de fleurs et animaux.

72 — Petit plateau rond avec coquetier et salière en ancienne faïence d'Urbino, décor polychrome à grotesques.

73 — Deux cornets de pharmacie en ancienne faïence de Castel-Durante : médaillon contenant un saint et trophées d'armes, sur fond bleu.

74 — Plaque rectangulaire en ancienne faïence de Castelli, décor polychrome de nymphes et amours dans un paysage. Cadre en bois noir.

75 — Plaque circulaire en ancienne faïence de Castelli, décor polychrome de nymphes et amours dans un paysage avec ruines. Cadre en bois noir.

76 — Plateau rond sur piédouche bas en ancienne faïence italienne : la Vierge assise.

77 — Plat creux en ancienne faïence espagnole : Cavalier passant. XVIIe siècle.

78 — Plat creux en ancienne faïence de Rhodes, à décor polychrome : fleurs et palmettes. Cadre en bois noir.

79 à 82 — Quatre plats creux en ancienne faïence de Rhodes, à décor polychrome : fleurs et palmettes.

83 — Vase étrusque de forme ovoïde et à anses, en terre : personnages réservés en rouge sur fond noir.

84 — Coupe couverte en poterie de Satzuma, à fleurs et oiseaux ; elle est ornée d'une zone de fleurs sur fond bleu en émail cloisonné.

85 — Deux vases ovoïdes couverts en poterie de Satzuma, à branches fleuries en couleurs.

86 — Environ sept pièces : plat, assiette, vases, cruches en faïences japonaise et moderne à l'imitation des faïences italiennes, étrusques, etc.

87 — Jardinière circulaire en faïence moderne.

PORCELAINES

88 — Plat rond en ancienne porcelaine de Chine, famille verte : buissons fleuris et papillon. Cadre en bois noir.

89 — Tasse sans anse et sa soucoupe en ancienne porcelaine de Chine, famille rose, à décor de fleurs et fruits sur fond capucin.

90 — Tasse sans anse et sa soucoupe en ancienne porcelaine de Chine, famille rose, à décor de pivoines, fleurs de pêchers et oiseaux.

91 — Cinq pièces : petite tasse sans anse et quatre soucoupes dépareillées, en ancienne porcelaine de Chine et du Japon, à décors divers de fleurs et oiseaux.

92 — Deux cornets évasés en porcelaine de Chine, à décor polychrome de personnages et attributs chinois.

93 — Potiche ovoïde à pans avec couvercle en porcelaine du Japon, à décor bleu, rouge et or : réserves de fleurs et animaux sur fond de rinceaux fleuris.

94 — Deux petites potiches ovoïdes couvertes en porcelaine du Japon, à décor bleu, rouge et or de branches fleuries et rubans.

95 — Petite potiche ovoïde couverte en porcelaine du Japon, à décor bleu, rouge et or rehaussé de vert et de violet : fleurs, animaux et habitations.

96 — Plat creux en porcelaine du Japon, à décor bleu, rouge et or : corbeille de fleurs ; au marli, fleurs et roseaux sur fond bleu.

97 — Plat creux en porcelaine du Japon, à décor bleu, rouge et or rehaussé de vert : compartiments de branches fleuries.

98 — Sept pièces : trois soucoupes et quatre tasses sans anse en porcelaine du Japon, à décor bleu, rouge et or rehaussé de vert et de jaune : branches fleuries et oiseaux.

99 — Quatre pièces : trois petites tasses sans anse et soucoupe en porcelaine du Japon, à décor bleu, rouge et or de branches fleuries.

100 — Plat creux en porcelaine du Japon, à décor bleu, rouge et or de corbeille de fleurs au fond et rinceaux fleuris au marli.

101 — Deux vases quadrilobés couverts en porcelaine du Japon, à décor bleu et or : personnages et fleurs.

102 — Deux vases hexagones en porcelaine genre Japon, à décor de fleurs en bleu, rouge et or.

103-104 — Deux assiettes creuses en ancienne porcelaine de la Compagnie des Indes, à décor polychrome rehaussé d'or : branches fleuries, haies et oiseaux.

105 — Cafetière piriforme à anse et couvercle en

ancienne porcelaine de la Compagnie des Indes, à décor de fleurs en camaïeu violet avec initiales et filets dorés.

106 — Deux pots à crème à anses, l'un d'eux avec son couvercle, en ancienne porcelaine de la Compagnie des Indes, à décor de bouquets de fleurs.

107 — Assiette à bords ajourés en ancienne porcelaine tendre de Sèvres, décor polychrome de jetés de fleurs; filets d'or. Lettre B : 1754.

108 — Tasse droite et sa soucoupe en ancienne porcelaine tendre de Sèvres, décor polychrome de semis de roses séparées par des guirlandes de feuilles. Lettre BB : 1778.

109 — Couvercle de pot à crème en ancienne porcelaine tendre de Sèvres, à décor polychrome de jetés de fleurs.

110 — Pot à lait à anse en ancienne porcelaine dure de Sèvres, à décor polychrome de jetés de roses; filets dorés. Décor par *Dutanda;* lettre X : 1774.

111 — Tasse droite et sa soucoupe en porcelaine dure de Sèvres, du temps du premier Empire : bustes en grisaille sur fond marron.

112 — Quatre tasses et leurs soucoupes en ancienne porcelaine de Berlin, à décor en camaïeu violet d'habitations et arbres; bordure gaufrée. Marque au W, direction de *Wegeli*.

113 — Petit bol et sa soucoupe en ancienne porcelaine de Vienne, à décor polychrome de branches fleuries et oiseaux dans le goût japonais.

114 — Deux vases piriformes en porcelaine grise, à décor de fleurs et anses feuillages argentées en relief.

115 — Vase forme Médicis en porcelaine dure : scène de roman.

116 — Petit cabaret en porcelaine moderne, à décor bleu de style chinois, composé d'un plateau, de neuf tasses, de leurs soucoupes et de leurs cuillères.

117 — Environ quinze pièces : tasses et soucoupes, pot à lait en porcelaine de Sèvres, d'Angleterre, à l'imitation de Saxe, etc.

118 — Assiette à bords festonnés en porcelaine dure ; au centre, médaillon contenant un paysage.

OBJETS VARIÉS

119 — Petite jardinière ovale en argent repoussé à deux anses et sur quatre pieds cambrés : coquilles, guirlandes et motifs rocaille. XVIIIe siècle.

120 — Brûle-parfums circulaire couvert en bronze de la Perse, à rinceaux et bustes gravés ; le couvercle est surmonté d'un haut bouton conique ajouré.

121 — Deux plats en dinanderie : au fond, en bas-relief, un ange et deux hommes tenant une grappe de raisin.

122 — Médaillon circulaire en ivoire sculpté en léger relief : Mars et Vénus. Cadre en bois noir.

123 — Deux médaillons circulaires en buis sculpté en bas-relief : bustes d'homme et de femme. Travail allemand, XVIIIe siècle. Cadre en noyer.

124 — Petit médaillon circulaire en bois sculpté en bas-relief : buste d'homme de profil à gauche. Travail allemand, fin du XVIe siècle. Cadre en bois noir.

125 — Deux torchères en bois sculpté : cariatides de négrillons supportant un plateau.

126 — Petit plateau ovale à bords droits et découpés en ancienne faïence de la suite de Palissy; au fond, le baptême du Christ.

127 — Lustre à six lumières en verre de Venise multicolore, orné de feuilles et fleurs.

128 — Lanterne chinoise hexagone en bois dur et plaques de verre ornées de personnages en couleurs.

SCULPTURES

129 — Marbre blanc. Statuette de sainte Madeleine, à demi nue, agenouillée, une tête de mort auprès d'elle.

130 — Marbre blanc. Statuette, petite nature, d'enfant debout auprès d'un tronc d'arbre et pleurant son oiseau mort, étendu à ses pieds.

Haut., 80 cent.

131 — Terre cuite. Petit groupe de deux enfants nus jouant avec un cygne.

Haut., 26 cent.

132 — Terre cuite. Petit groupe : Bacchante assise tenant d'une main un thyrse et pressant de l'autre une grappe de raisin dont un enfant recueille le jus dans une coupe.

Haut., 31 cent.

133 — Terre cuite. Statuette de femme drapée à l'antique, debout et accoudée sur un motif de rochers.

Haut., 38 cent.

134 — Statuette en biscuit : Nymphe endormie, le bras sur une corbeille de fleurs, une draperie sur les jambes.

BRONZES D'ART

135 — Haut-relief rectangulaire en bronze : gibier suspendu à un clou. Signé : *P. J. Mène*. 1850.

136 — Petit buste en bronze noir d'empereur romain, de trois quarts à droite, en costume militaire. Socle carré en marbre avec mascarons et têtes de béliers en bronze doré. xvie siècle.

137 — Buste en bronze noir plus petit que le précédent : Empereur romain, presque de face, vêtu de la toge. Socle et contre-socle en marbre. xvie siècle.

138 — Statuette en bronze à patine brune : Hercule debout tenant la massue d'une main, et de l'autre, la dépouille du lion de Némée ; socle à pans en bronze orné de figures en bas-relief. XVIe siècle.

139 — Deux bustes d'enfants en bronze, grandeur nature. Signés : *Lanzirotti.*

140 — Statuette en bronze argenté : Franklin debout, un rouleau à la main. Socle cylindrique en marbre noir.

PENDULES

ET BRONZES D'AMEUBLEMENT

141 — Cartel-applique et son socle en marqueterie de cuivre et écaille ; au-dessous du cadran, figures de la Fortune et de la Science en bronze; encadrements et chutes à mascarons en bronze également. Époque Louis XIV.

142 — Pendule du temps de la Restauration en bronze et marbre jaune : Personnage nu debout près du mouvement.

143 — Garniture de cheminée en bronze à patine

brune et bronzes doré et verni; elle comprend une pendule et deux girandoles à huit lumières : Enfants sur socles rocaille.

144 — Grande corbeille ovale en bronze ajouré et doré, simulant l'osier ; socle, guirlandes et anses rocaille de même métal.

145 — Deux lampes en bronze noir, à décor de mascarons têtes de tritons et jeux d'amours en relief; couvercles surmontés de figurines d'enfants.

146 — Deux grandes lampes formées chacune d'une potiche ovoïde surmontée d'un cornet en porcelaine du Japon, à décor bleu, rouge et or d'animaux, fleurs et haies fleuries; socles, anses dragons et garnitures rocaille en bronze.

147 — Petit lustre à six lumières en bronze, orné de plaques de porcelaine, genre Sèvres, à fleurs.

148 — Lustre à dix-huit lumières, en bronze, avec pendeloques et guirlandes de cristal.

149 à 151 — Six appliques à six lumières, en bronze, avec pendeloques et guirlandes de cristal.

152 — Deux petites appliques de style Louis XIV, à trois lumières, en bronze doré, ornées de mascaron, fleurs de lis et trophées d'étendards.

MEUBLES

153 — Mobilier de salon en palissandre, recouvert de damas rouge; il comprend un canapé, quatre fauteuils et quatre chaises capitonnés à dossiers ovales et pieds cambrés.

154 — Deux petits meubles à hauteur d'appui et à une porte, en marqueterie de cuivre et d'écaille, genre Boulle; cariatides, chutes, encadrements en bronze doré; dessus de marbre noir.

155 — Paravent à trois feuilles en soie de Chine à fond rouge brodée en couleurs et dorure : dragons, chauves-souris et fleurs; encadrements de galons et de peluche.

156 — Buffet en bois noir; le corps inférieur vitré ferme à quatre portes dont deux sur les faces latérales qui sont cintrées; il est surmonté d'une glace flanquée de deux étagères.

Larg., 1 m. 90 cent.

157 — Table ronde de salle à manger en bois noir, à allonges.

158 — Petit chauffe-assiettes à hauteur d'appui en

bois noir, à deux portes et un tiroir, avec tablette d'entrejambes.

159 — Console en bois noir à un tiroir, dessus en marbre blanc.

160 — Quatorze chaises de salle à manger en bois noir, recouvertes en peluche orangée.

161 — Grande table oblongue en bois sculpté et doré, à trophées d'instruments de musique et feuillages rocaille ; le dessus est recouvert en ancienne soie crème brochée à fleurs et lamée de métal.

Long., 1 m. 60 cent.; larg., 80 cent.

162 — Console de forme contournée en bois sculpté et doré ; elle repose sur quatre pieds cambrés ornés de motifs rocaille et volutes et reliés par un croisillon contourné en volutes avec vase de fleurs au centre ; la ceinture présente des coquilles et enroulements rocaille découpés à jour. Dessus de peluche rouge.

Larg., 80 cent.; long., 1 m. 55 cent.

163 — Grande psyché en bois sculpté et doré à motifs rocaille.

164 — Coffre-fort Fichet dans une armoire en bois noir.

ÉTOFFES

165 — Deux garnitures de croisées en peluche orangée avec fleurs de lis, motifs quadrillés et galons jaunes; elles se composent chacune d'un bandeau, d'une cantonnière et d'une bonne grâce.

Haut., 3 m. 20 cent.; larg., 2 mètres.

166 — Garniture de croisée en damas rouge et brocatelle verte à grands ramages; elle se compose de deux rideaux, d'une bonne grâce et d'un bandeau.

Haut., 3 m. 20 cent.

167 — Paire de portières en soie crème damassée, brodée à fleurs et rinceaux en soies de couleurs et lamées de métal avec applications de velours.

Haut., 2 m. 90 cent.

168 — Paire de portières en peluche rouge à larges fleurs et rinceaux brodés en soies de couleurs, avec applications de soie brochée.

Haut., 2 m. 90 cent.

169 — Tapis de table rectangulaire à bords festonnés en soie moirée verte, brodée à fleurs; bordure de fleurs brodées sur canevas marron.

170 — Tapis de piano en peluche rouge avec applications de fleurs et de palmes en peluche et soies de couleurs et lamées de métal.

171 — Tapis de table rectangulaire en satin orangé, broché à fleurs en couleurs.

172 — Enveloppe de cheminée en velours rouge brodé, à fleurs et rinceaux, en soies de couleurs et lamées de métal, avec applications de soies crème et cordonnets ; elle comprend un bandeau et deux montants.

Larg., 1 m. 90 cent.

173 — Enveloppe de cheminée en satin crème damassé, brodé à fleurs et cornes d'abondance en soies de couleurs et lamées de métal ; elle se compose d'un bandeau et de deux rideaux.

Larg., 1 m. 70 cent.

174 — Tapis d'Orient en longueur à dessins géométriques.

Long., 3 m. 25 cent. ; larg., 90 cent.

TAPISSERIES

175 — Mobilier de salon en bois peint blanc et or, recouvert en tapisserie Louis XVI, à personnages

et animaux, scènes pastorales, sujets tirés des fables de La Fontaine sur fond crème ; il comprend un canapé, huit fauteuils et six chaises à dossiers lyres et pieds colonnettes.

176 — Deux garnitures de croisées en damas et peluche rouges avec bandes de tapisserie à fleurs, mascarons et amours du XVIIe siècle ; elles se composent chacune d'un bandeau, d'un rideau et d'une bonne grâce.

Haut., 3 m. 5 cent.

177 — Grande tapisserie rectangulaire en longueur : Renaud dans les jardins d'Armide ; composition de sept personnages et amours ; au second plan, verdure et portiques, large bordure de rinceaux interrompus par des figures d'amours et de Renommées en grisaille. XVIIe siècle.

Haut., 3 m. 15 cent.; largeur, 5 m. 5 cent.

178 — Grande tapisserie rectangulaire : scène champêtre ; composition de onze figures avec animaux, cours d'eau, verdure, habitations au second plan ; bordure claire à guirlande de fruits et fleurs. Flandres. XVIIe siècle.

Haut., 2 m. 92 cent.; larg., 3 m. 55 cent.

179 — Portière formée d'une tapisserie rectangulaire en hauteur, montée sur peluche rougeâtre :

trophée d'attributs de l'amour et guirlandes de fleurs sur fond crème. Époque Louis XV.

Hauteur de la tapisserie, 2 m. 55 cent.; larg., 1 mètre.

180 — Trois portières en tapisserie : médaillon ovale contenant une scène champêtre à personnages et animaux et suspendu par un nœud de rubans; fond crème orné de guirlandes et trophées. Époque Louis XV.

Haut., 1 m. 50 cent.; larg., 1 m. 90 cent.

181 — Petite tapisserie rectangulaire : pendentif de corbeille de fruits et trophées d'attributs de la musique et de l'amour, sur fond crème rehaussé de guirlandes de fleurs. Époque Louis XV.

Haut., 1 m. 80 cent.; larg., 1 m. 20 cent.

182 — Grande tapisserie carrée : paysage avec animaux, cours d'eau et habitations ; bordure de rinceaux fleuris. XVIIIe siècle.

Haut. et larg., 3 m. 25 cent.

183 — Grande tapisserie rectangulaire en largeur : l'Enlèvement d'Europe, fond de verdure; bordure de fleurs sur deux côtés. XVIIIe siècle.

Haut., 2 m. 30 cent.; larg., 3 m 35 cent.

184-185 — Quatre paires de portières en tapisserie moderne à rinceaux et entrelacs.

Haut., 2 m. 55 cent.

www.ingramcontent.com/pod-product-compliance
Ingram Content Group UK Ltd.
Pitfield, Milton Keynes, MK11 3LW, UK
UKHW021532260726
13993UKWH00004B/1939

9 782329 548029